Collection folio cadet

Supplément réalisé avec la collaboration de
Dominique Boutel et Anne Panzani

ISBN : 2-07-031250-X

Numéro d'édition : 51262
Dépôt légal : Septembre 1991
Imprimé en Italie par La Editoriale Libraria

La cour de récréation

CLAUDE ROY

ILLUSTRÉ PAR
GEORGES LEMOINE

GALLIMARD

La chanson volée

« J'ai dans la tête une chanson
avec son air et ses paroles »,
dit Marie, gaie comme un pinson,
« une chanson qui court et vole. »

La chanson vole et caracole.
Marie la chante comme un ange.
Mais le vent en volant la vole.
Marie va se plaindre aux mésanges.

Les mésanges prennent leur vol
pour rattraper le vent voleur.
« Rends-lui sa chanson, vent qui vole,
rends-la-lui, mauvais vent rôdeur. »

Le vent marmonne en s'excusant !
« J'aimais bien cette chansonnette
Que ferais-je si je la rends ?
Dites à Marie qu'elle me la prête ! »

« Nenni, la chanson est à moi !
Vent, c'est vilain d'être voleur
d'être un grand vent sans foi ni loi. »
Marie en a gros sur le cœur.

Le vent fou revient sur ses pas.
Il essuie les joues de Marie.
« Marie, Marie, ne pleure pas
je te rends ta mélodie. »

« Mais qu'as-tu donc fait des paroles ? »
Le vent les a semées en route.
« Que vais-je faire sans paroles ? »
Plein de remords le vent l'écoute.

« J'ai une idée », dit le vent.
« Claude Roy est un vieil ami
Il m'a aidé très souvent
et il aime beaucoup Marie. »

« Je vais lui expliquer l'affaire.
Il trouvera d'autres paroles
qu'on pourra chanter sur ton air
ton air de rien qui caracole. »

Ainsi fut dit, ainsi fut fait.
J'ai écrit ceci pour Marie,
Marie, l'ange un petit peu fée,
Marie consolée, qui sourit.

Ambitions excessives

Tu aimerais avoir des ailes ?
Tu n'es pas le seul mon enfant.
Ce serait en effet plaisant,
au milieu des embouteillages,
s'envoler d'un air négligent,

sur une tour de Saint-Sulpice
se reposer, méditant,
sauter de palais en bâtisse,
redescendre nonchalamment
s'asseoir tranquille sur un banc,

au Louvre, devant les tableaux,
flotter le long des galeries,
et au théâtre, quand ça traîne,
aller dormir au Paradis,
dans le monde, quand on s'ennuie
s'installer dans la suspension,

voler à tire flâne-d'aile,
ou doucement léviter,

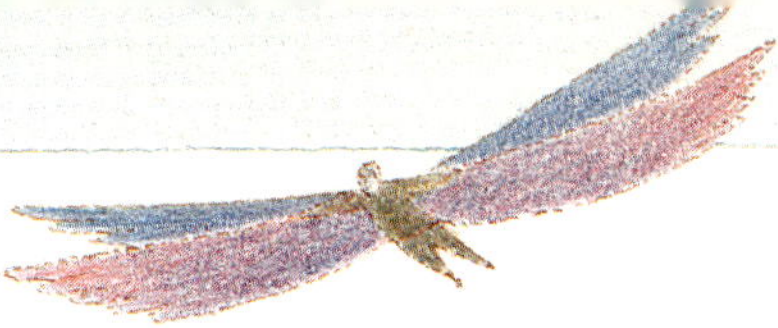

se confier aux vents sans nacelle,
s'esquiver par la cheminée,
ou arriver par le balcon.

La tête que feraient les gens,
nous voyant filer sous leur nez,
dans un mouvement ascendant
qui leur ferait lever le nez !

Est-ce un moineau ou un bouvreuil ?
Est-ce un merle ou un vanneau ?
Ce n'est que Claude Roy qui vole.
Ça l'a pris tout récemment.

Il croit qu'il vole, mais il rêve.
Il croit qu'il fait jour. Il fait nuit.
Il se croit flânant dans le ciel.
Il est endormi dans son lit.

Il aimerait avoir des ailes.
Il aimerait être immortel.
Il aimerait. Il aimerait.
Qui lui demande son avis ?

Comptine de la région de Pékin

Oncle Lou, prends ton sabre.
Coupe un chou, coupe un arbre.
Le sabre ne coupe pas.
C'est bizarre, c'est bizarre !
Change ton sabre pour un arc.
Mais ton arc n'a pas de corde.
C'est bizarre, c'est bizarre !
Change ton arc pour un bœuf.
Mais ton bœuf n'a pas de cornes.

C'est bizarre, c'est bizarre !
Change ton bœuf pour un cheval.
Le cheval n'a pas de selle.
C'est bizarre, c'est bizarre !
Nous irons dans les collines
Chercher le gîte du lièvre,
et quand nous l'aurons trouvé
avec la peau du lièvre roux
Oncle Lou, oncle Lou,
nous ferons des p'tits souliers
pour aller nous promener.

La rime et la raison

Je rime à tu,
dit la tortue.

On ne dit pas : « Je rime à tu »
dit le Professeur Lepédan.
Il faut dire : « Je rime à toi. »

Je rime à ruche,
dit l'autruche.

« L'autruche rime aussi à cruche »
dit le Professeur Lembétan
qui nous corrige tout le temps.

Je rime à perle
dit le merle.

« Le merle est noir. La perle est claire »
dit le Professeur Lanssinant.
« Tu ne peux pas rimer à perle. »

Je rime à sept
dit l'avocette.

« Quand on est un oiseau sensé »
dit le Professeur Lempêchant
« rimer à sept est vraiment bête. »

Je rime à bigre
dit le tigre.

« Faire rimer tigre et juron »
dit le Professeur Leronchon
« qui a eu cette idée idiote ? »

C'est Claude Roy
dit la lamproie.

« Ce Claude Roy n'est qu'un vaurien
et ce qu'il dit ne rime à rien »
dit le Professeur Lerajant
qui bisque bisque bisque rage

et devient noir comme le cirage.

Pan, pan, qui est là ?

Une comptine des enfants de Pékin

– Pan, pan, pan, qui est là ?
– C'est Tchang Yeou-lao,
le marchand de pain.
– Pourquoi n'entres-tu pas,
vieil oncle Tchang ?
– C'est que j'ai peur
que le chien me morde.

– Qu'as-tu dans ton panier,
vieil oncle Tchang ?
– Des pains de sésame,

des pains de froment.
– Pourquoi ne manges-tu pas
tes pains ?
– Parce que je n'ai pas de dents.
– Que portes-tu dessous ton bras ?
– Un vieil habit tout rapiécé.
– Pourquoi ne le mets-tu pas ?
– Parce que j'ai peur que
les puces me mordent.
– Dis donc à ta femme
d'attraper les puces.
– Ma femme est morte et enterrée.
– Pourquoi ne pleures-tu pas
ta femme ?
– C'était une vieille marmite,
une vieille poêle à frire.
– Dis à ta petite-fille de
t'attraper les puces.
– Elle est trop petite,
elles la mangeraient.
– Oncle Tchang Yeou-lao
tu es vieux, mais sot.

Les bonnes manières

Des boucles d'oreilles à un nuage ?
Vous n'y pensez pas ! Vous n'y pensez pas !
Ce n'est ni convenable, ni sage :
Ça ne se fait pas, ça ne se fait pas.

Une cornemuse pour un hérisson ?
C'est une gaffe d'envergure,
un geste osé et polisson
qu'un hérisson jamais n'endure.

Une pipe en terre pour l'éléphant ?
Vous n'y songez pas, vous n'y songez pas !
L'enfant éléphant adore l'oliphant
mais la pipe en terre cause son trépas.

Un bijou de trop fait crever un nuage,
une cornemuse use un hérisson,
un éléphant peut mourir de rage
en fumant la pipe par distraction.

Il y a des choses qu'on ne fait pas.
Il vaut mieux savoir lesquelles
pour s'éviter d'affreux faux pas
et des erreurs parfois mortelles.

Chanson chinoise de l'enfant qui va chercher du bois mort

Maman ne veut plus m'avoir dans ses jambes,
m'envoya chercher dehors du bois mort.

Sortant de la ville j'ai vu deux grillons
qui se disputaient en langue grillon.

– Je mange à midi un saule pleureur,
disait le premier en jouant du violon.
– Je mange à souper un gros buffle gris,
disait le second en jouant du violon.

Un coq qui passait par là, jabotant,
vit les deux grillons, toujours disputant.

Mangea le premier, mangea le second.
Se disputeront dans son estomac.

Le fond de l'air

Le fond de l'air est vraiment frais
Le soleil souffle sur ses doigts.
Il a l'onglée, les pieds gelés,
on est presque à zéro degré.

Le bleu du ciel est presque blanc.
L'espace est tout transi de froid
et la glace dans les caniveaux
est entêtée comme acier bleu.

Pourquoi ai-je chaud au cœur ?
Simplement parce que tu es là.
On se parle un peu. On se tait beaucoup.
Notre temps passe au même pas.

Le chien de notre ami est mort.
Notre ami était mort avant.

L'ombre glisse, torrent du rien
s'écartant devant deux pierres

qu'elle recouvrira à son tour.
Il fera froid. Il fera doux.
Il fera chaud. Il fera vie
pour d'autres noms qui se diront :

Le fond de l'air est vraiment frais,
mais pourquoi ai-je chaud au cœur ?

Chanson écrite
un jour un peu triste

La Fauvette qui chante pour moi
dans un été sans cœur à rire.

«Je suis contente d'être là»
dit sa fragile mélodie.

La petite fille qui rit pour moi
dans un hiver sans cœur à rire.

Elle danse et saute sur le trottoir
en criant « Vive la neige ! Vive la neige ! »

L'étoile du soir qui brille pour moi
dans un ciel sans cœur à rire.

Elle fait route dans l'espace
au son de la musique des sphères.

Le soleil qui brûle pour moi
dans un monde de grand froid.

Le temps qui passe et fuit en moi.
(Il est plus tard que tu ne crois.)

La pluie d'été

poème chinois

Légère et douce
la tiède pluie
dans la cour nue
fait repousser
l'herbe et la mousse.

Dans le verger
d'arbres en fleurs
un loriot vert
chante en mineur.
La jeune fille
entend chanter
un autre oiseau
dedans son cœur.

DAME GU JI (KOU KI)
dynastie Ming

Bestioleries

Même en gardant le silence
l'hirondelle est volubile,
étincelle d'impatience
qui vole, file et se faufile.

La truite et le saumon
soudain sautent de l'eau à l'air
passant d'un élément à l'autre,
poisson-oiseau en un éclair.

Ainsi l'esprit à l'improviste
changeant d'idée et d'élément
s'absente de soi dans sa fuite

à l'envers du temps
à l'envers de l'air.

Chanson enfantine de T'ien Tsin

Vieil Oncle Soleil
me tient bien au chaud
Dans son ventre d'or
je suis à mon aise.

Je rencontre en rêve
mon Cousin le Coq,
mon Frère le Chat,
ma Sœur la Souris.

Je suis Petit Troisième
et j'ai quatorze frères.
Maman ne me bat pas,
se fâche seulement.

Quand le soleil aura marié
sa fille Lune
Je mangerai du riz
en sauce aux haricots.

Un poème chinois

Une fleur
Un saule
Un pêcheur
sur un rocher.

Un rayon
sur la rivière.
Un oiseau
sur l'aile.

A mi-chemin
de la montagne
un moine seul
sous les bambous.

Dans la forêt
une feuille jaune
qui flotte et tombe.

DAME HO P'EI-YU
[dynastie Ts'ing]

Berceuse enfantine du Honan

Toung toung toung
fait le tambour rouge,
Hou hao hou
fait le dragon vert.

Petit poulet blanc,
Second Petit Frère,
mange ta bouillie
sans faire de manières.

Le petit chat noir
porte des gants blancs,
On le nomme Charbon-trempé-
dans-la-neige.

Petit canard bleu,
Second Petit Frère,
avale tes nouilles
jusqu'à la dernière.

Le petit chat blanc
a deux grands yeux verts,
On le nomme
Jade-Incrusté-d'Or-pur.

Petit pot de thé,
Second Petit Frère,
mange le bon riz
si tu veux me plaire.

Toung toung toung
fait le tambour bleu,
Hou hao hou
fait le dragon noir.

Monsieur Bonjour

Monsieur Bonjour est très content.
Il sourit aux chats et aux chiens.
Monsieur Bonjour sourit aux gens.
Il est content par tous les temps.

Il ne dit pourtant pas aux fontaines
« Je ne boirai pas de votre eau »
car il dit tu aux fontaines
comme il dit tu aux oiseaux.

Il est à tu, il est à toi
avec le jour de chaque jour
avec le noir de chaque nuit
avec la vie qui lui dit oui.

Monsieur Bonjour est si content
qu'à la fin c'est presque embêtant
un monsieur qui, par tous les temps,
trouve le temps si épatant.

Ça doit lui cacher quelque chose,
qu'il y a les épines et la rose,
qu'il y a des vers et de la prose
qu'il y a aussi l'envers des choses.

Monsieur Bonjour est si content
qu'il en devient presque embêtant.

L’escargot capitaine au long cours

Un célèbre escargot
capitaine au long cours
commandait un cargo
nommé Boroboudour.

Un escargot capitaine ?
Un escargot sur un cargo ?
J’ai à vous croire de la peine
Est-ce une fable ? Est-ce un ragot ?

C’était écrit dans les journaux,
et le nom de ce capitaine
était Philémon Bigorneau.
Il était né à Plougalen.

Vous me racontez des histoires.
Les escargots n’ont pas de nom

et vous ne me ferez pas croire
à cet escargot trop breton.

Sur cette photo vraiment nette
prise sur le pont du cargo
on reconnaît à sa casquette
notre capitaine escargot.

Je vois bien là un escargot
mais capitaine est-ce évident ?
Qui prouve que sur ce cargo
il était vraiment commandant ?

Si vous ne me faites pas confiance
je n'ai donc plus qu'à me taire.
Tant pis pour vous. Votre méfiance
vous laissera le bec en l'air.

C'est pourtant une belle histoire
celle du fameux escargot
qui fut couvert d'or et de gloire
en Oubangui et au Congo !

Tant pis pour vous. Je me tais donc.
Je vous laisse dans l'ignorance
du duel escargot-espadon
près du cap de Bonne-Espérance.

Vous ne connaîtrez pas l'aventure
qu'il vécut en Sierra Leone,
en échappant à la capture
par les sauvages mangeurs d'hommes !

La punition des gens sceptiques
c'est qu'ils se privent du plaisir
en ayant trop d'esprit critique
d'écouter de belles histoires.

Ainsi celle d'un escargot
nommé Philémon Bigorneau
qui fut capitaine au long cours
et qui commanda un cargo
du nom de Boroboudour.
Il fait naufrage maintenant
parce que vous êtes trop méfiant.
Adieu, Philémon Bigorneau !
Adieu, Capitaine escargot !

Les proverbes culbutés

Pierre qui roule
n'amasse pas mousse.

Pierre qui mousse
n'amasse pas rouille.

Maille qui file
n'amasse pas mousse.

Pierre qui m'aille
dévide un fil.

Fille qui m'aille
est bien plus douce.

Pierre qui roule
n'a ni sou ni maille.

Moralité

Tout va la cruche à l'eau
qu'au téléphone elle dit Allô.

Qui se souvient ?

Qui se souvient de Childebert,
de Saint-Vincent de Saint-Germain
et des moines dans les prés verts
faucillant leur foin à la main ?

Quand on dit Saint-Germain-des-Prés
qui songe encore au bruit que mène
le vent dans l'herbe des grands prés
de l'évêque Germain de Seine ?

Enfanuage

Dans le ciel si bleu
que ce n'est pas permis
que fait le nuage blanc
qui flotte tout seul ?
Le soleil joue-t-il au ballon
avec une bulle d'écume ?
Avec la paille des moissons ?
L'été souffle-t-il
des bulles de savon ?

Mais le petit nuage
ne se fait pas de bile.
Il glisse tout blanc
dans le ciel tout bleu,
malin et léger,
il va sifflotant,
les mains dans ses poches
sans avoir de mains,
sans avoir de poches.

Une étincelle d'hirondelle,

En se heurtant contre le ciel
bleu comme pierre à briquet
une étincelle d'hirondelle
met le feu au soleil couchant.
Incendie de carte postale
le feu est couleur de groseille.

L'hirondelle pousse un cri.
Qui l'aurait dit ? Qui l'aurait cru ?
Un incendie d'hirondelle
qui embrase le bas du ciel
de couleurs d'un goût très Kitch
c'est vraiment catastrokitch !

Hirondelle, hirondelle,
faites venir les pompiers.
Ils éteindront le feu du ciel
avec leurs lances d'incendie.
Soleil, pompiers, hirondelles,
chacun ira se coucher.

Ne laissez pas les hirondelles
jouer avec le ciel à briquet.
C'est courir le risque mortel
de mettre le feu au soleil.

J'aimerais sortir, mais je trouve la pluie

un poème chinois

Le vent d'est
fait pleuvoir
pour embêter
le promeneur.
Le chemin
change son sec
en boue, liquide.
Les fleurs dorment
les saules pleurent.
Le printemps est un
grand paresseux.

Personne ne sait
que je suis bien plus
paresseux que lui.

LOU YEOU
[1125-1210]

Le cerf-volant de Valérie

pour Valérie Gallimard

Le cerf-volant qu'a laissé
échapper dans le vent
une petite fille de 1907
sur la plage d'Étretat
est revenu ce matin
des Iles de la Sonde.
Il a fait un très long voyage,
et pourtant il est resté le même.
Mais maintenant
il connaît le monde.
Il est descendu doucement
sur la plage de Benerville,
aux pieds d'une jeune demoiselle
nommée Valérie :
« Tu as beaucoup grandi
depuis 1907 »
a dit le cerf-volant à Valérie
qui caressait doucement ses ailes.

« Probablement » a-t-elle répondu, pour ne pas décevoir un voyageur du ciel qui l'avait reconnue. Car si ce n'était pas elle, c'était sûrement lui.

Brindilles de temps anciens

Les photographes d'autrefois
se cachaient sous un grand drap noir
pour attraper l'oiseau du temps.

En ce temps-là la boulangère
posait le pain sur la balance
et avec un grand couperet
coupait un carré de croûte
pour ajouter le juste poids.

Les morts à la guerre
étaient morts dans une autre guerre.
Les poilus sortaient des tranchées.

On chantait les vêpres
à l'abbatiale et en latin.

Il y avait des merceries
et des marchands de parapluies
des fabricantes de corsets
et des allumettes soufrées
des encriers où l'encre séchait
en fines lamelles noires
et des plumes sergent-major
dans des plumiers en simili-laque
et en bas des rues escarpées
des chevaux de renfort
pour aider les charrettes
à monter la côte.

C'était le bon vieux temps
Mais était-il si bon que ça ?
On se demande. On ne sait pas.

Objets trouvés

Au Bureau des objets trouvés
le guichet ferme à cinq heures.
Il faudra revenir demain.

Où ai-je pu mettre le plumier
en fausse laque noire avec un Chinois jaune
que l'on m'avait donné pour entrer à l'école ?

Qui a trouvé (mais gardé pour soi)
les patins à roulettes oubliés à neuf ans
dans les jardins de l'Observatoire
sur un banc à côté de la fontaine de Carpeaux ?

Et mon masque à gaz
pendant la drôle de guerre
dans une chambrée du camp de Satory
qui me l'a volé ? M'obligeant
à en voler un autre à un innocent,
contraint à son tour d'en voler un autre,
avant la revue de paquetage ?

Au Bureau des Objets Perdus
et des Personnes déplacées
le guichet ferme à cinq heures.
Au fil de l'eau qui se faufile

Chansonnette des Ponts de Paris

entre ses tranquilles remparts
pour garder ses quais et ses îles
Paris les a mis à l'amarre

Pont Notre-Dame et Pont au Change
Pont Saint-Michel et Pont au Double
gardent au garde à vous les anges
et Notre-Dame à tour très double

La Cité et l'Ile Saint-Louis
s'en iraient peut-être à la mer
si les Ponts Sully et Marie
ne les accrochaient à la terre

L'Ile Saint-Louis aurait des ailes
pour suivre l'eau qui coule et luit
n'étaient le Pont de la Tournelle
et la Passerelle Saint-Louis

Au fil de l'eau qui se défile
Paris pratique très bien l'art
pour garder ses quais et ses îles
de jeter ses ponts en amarres.

La chanson de Marie n'importe

Son rire de débarcadère
et ses éclats de corail
font partout naître dans l'air

des feux-follets feux de paille,
et ses cheveux de gaieté
ont l'odeur de soupirail
du bon pain chaud de l'été.
On l'appelle Marie n'importe,
n'importe quoi, n'importe quand,
Marie qui ferme pas les portes,
Marie qui a toujours le temps.
On l'appelle Marie n'importe,
n'importe quoi, et n'importe où,
et qu'importe qui entre et sorte;
Marie rit toujours à feu doux,
Marie n'importe,
n'importe quoi
et n'importe où,
Marie yeux doux.

Le cœur sur la main du jour,
elle donne sa langue au chat,
elle donne raison à l'amour,

au caprice, à l'entrechat
et ses yeux de belvédère
zébrés d'éclairs de chaleur
rient au moindre souffle d'air.

On l'appelle Marie n'importe
n'importe quoi, n'importe quoi,
Marie gaie de toutes les sortes,
Marie la cascade à cœur joie.
On l'appelle Marie n'importe,
Marie qui dit n'importe quoi,
la Marie à tu et à toi
Marie n'importe
n'importe quoi
et n'importe où
Marie yeux doux.

Celui qu'élira Marie
Il aura bien de la chance
D'être mari de Marie.

Au lit de sa préférence
Où Marie rira sa vie
Ah si tu voulais m'élire,
Marie, je serais ravi !

Car toi seule, Marie, m'importe,
M'importe tant, m'apporte tout,
Toi qu'on nomme Marie n'importe,
N'importe quoi et n'importe où.

Car toi seule, Marie, m'emporte
et me fais aller n'importe où.
ouvre-moi, ouvre-moi ta porte
et ferme sur moi tes yeux doux
Marie n'importe
emporte-moi
que je t'emporte
et puis c'est tout.

Étourdis étourneaux

Les étourneaux
sont étourdis.
On le dit.

Ils font des tours
et des détours,
et ils rient.

Les étourneaux
n'ont pas de tête.
On le dit.

Mais qu'ils sont gais,
les étourneaux,
légers là-haut !

Ils font dans le ciel
des anneaux,
des anneaux gais à tire-d'aile
les étourneaux.

Claude Roy est né à Paris en 1915 d'une famille originaire des Charentes. Poète, romancier, essayiste, journaliste, il a aussi beaucoup voyagé et a toujours été attentif aux drames du monde et à ses espoirs. Les éditions Gallimard ont publié l'ensemble de son œuvre et Gallimard Jeunesse publie ses œuvres pour les lecteurs de 4 à 104 ans ! *Enfantasques* et *Nouvelles enfantasques*, *Le chat qui parlait malgré lui*, *C'est le bouquet*, *Claude Roy, un poète*.

Georges Lemoine est considéré comme l'un des plus grands dessinateurs de notre temps. Il a illustré de nombreux livres pour les enfants et vous le rencontrez certainement très souvent dans les pages de vos journaux et de vos magazines. De plus, il expose régulièrement ses aquarelles et ses dessins dans les galeries d'art. Georges Lemoine se sent très proche de l'inspiration de Claude Roy et leurs talents se conjuguent à merveille.

La cour de récréation

Supplément illustré

Rencontre

Claude Roy aime les enfants
et a souvent écrit pour eux.
Nous avons voulu aller à sa rencontre
afin qu'il nous parle de sa vie, de son travail,
et, surtout, de la poésie.
Voici nos questions et ses réponses.

■ Parlez-nous de la composition de ce recueil. Pouvez-vous nous dire ce qui en est à l'origine? Pensez-vous qu'il y a une manière particulière de s'adresser aux enfants ?

A l'origine des poèmes et des récits que j'écris pour (et avec) les enfants, il y a peut-être simplement l'envie de faire plaisir à mes enfants, aux enfants en général, et de me faire plaisir avec eux. C'est parce que j'ai eu des enfants que j'ai inventé pour eux des chansons, des histoires, des images en « collages ». Comme ils aimaient ces poèmes, d'autres enfants ensuite les ont aussi aimés. Quand, dans mon village, les enfants viennent me voir en me disant : « Le maître nous a donné à l'école une récitation de vous », et que ça n'a pas l'air de les avoir embêtés, j'ai l'impression agréable de recevoir le Nobel

des classes enfantines... Mais je n'ai pas l'impression d'avoir franchi « une frontière » entre ma littérature « réservée aux plus de 18 ans » et celle-ci!

■ Peut-on dire que la poésie est une manière pour vous de prolonger (ou de rétablir) un lien avec votre propre enfance ?

Je n'écris pas pour les enfants. J'écris, je vous l'ai déjà dit, avec eux et par eux. Le premier enfant à qui j'ai eu affaire, c'était moi. C'est pour cet enfant que j'écrivais des histoires, des chansons, afin qu'il ne s'ennuie pas quand on l'avait envoyé se coucher. Les parents ont la fâcheuse habitude d'envoyer toujours les enfants se coucher avant qu'ils aient sommeil. Cet enfant qui ne voulait pas dormir, j'ai essayé de rester en bonnes relations avec lui. C'est relativement facile : l'enfant qui ne veut pas dormir est le frère de la grande personne qui ne voudrait jamais mourir. Je tâche d'être aussi poli et attentif avec les enfants qui

survivent en moi et les vieux hommes qui trouvent refuge sous ma peau, qu'avec les enfants vivants qui m'entourent et les vieilles personnes que j'aime bien. On entend affirmer que c'est très mal d'avoir deux langages, deux paroles. Bien sûr : il faut en avoir des douzaines, tous également justes, pour donner la parole à tous ceux qui nous habitent.

■ Comment devient-on poète? Pouvez-vous nous dire pourquoi ?

Si je pouvais répondre à cette question-là, je serais un dieu ou Dieu. Je ne suis qu'un homme, parfois poète, qui fait ce qu'il fait sans savoir très bien comment, ni pourquoi. Mais pour qui, oui : pour les enfants et pour l'enfant qui est (je l'espère) en chacun de nous.

■ Dans quel cadre travaillez-vous ? Avez-vous un moment de prédilection dans la journée pour écrire, des objets fétiches, un animal favori, un stylo sans lequel vous ne sauriez travailler ?

J'écris sur du papier blanc que j'achète chez Gaubert, place Dauphine (publicité gratuite), avec un stabilo 188 (publicité également gratuite). J'écris en général dans le bureau que j'ai à Paris ou dans le grenier transformé en bureau que j'ai à la campagne. Mais il m'arrive aussi d'écrire sur un banc du square du Vert-Galant, sur la tablette du TGV, sur mes genoux, dans l'avion ou dans une chambre d'hôtel. Je n'ai pas de moment de prédilection mais, en général, comme je suis paresseux, j'aime mieux travailler le matin pour me donner l'impression que je suis en vacances l'après-midi. Vous me demandez aussi ce que j'aime avoir autour de moi ou près de moi. J'aime bien sentir que ma femme, Loleh, n'est pas très loin ou va revenir bientôt. J'aime aussi avoir près de moi ma chatte noire. Elle a cependant souvent de mauvaises façons : elle monte sur la table, elle éparpille d'un coup de patte les feuilles de papier. Elle fait rouler délicatement le stabilo pour le faire tomber par terre et prend un air réjoui quand elle y est parvenue. Mais je lui pardonne parce que c'est une personne tout de même très sympathique.

Jeux

La musique des mots

« L'enfant éléphant adore l'oliphant. »

En poésie, quand le même son est répété plusieurs fois dans un vers, cela s'appelle une **allitération**. Certaines allitérations sont très amusantes… et parfois difficiles à comprendre. En voici trois célèbres. Amuse-toi à les lire à voix haute.

1. Tes laitues naissent-elles ?
Oui, mes laitues naissent.
2. Ton thé t'a-t-il ôté ta toux ?
3. Si six scies scient six cyprès,
six cents scies scient six cents cyprès.

■ Rimer pour rimer

Joue avec Claude Roy en continuant ce petit poème.

Je rime à ruche
dit l'autruche.

Je rime à soir
dit …………

Je rime à ………
dit l'oiseau

Je rime à jour
dit …………

Je rime à ……
dit la mer

A toi
d'en inventer
d'autres.

■ Proverbes mélangés

Claude Roy s'est amusé avec un proverbe. Pourquoi ne pas l'imiter ? Les proverbes se sont mis deux par deux pour s'échanger des mots. Essaie de trouver en premier les paires afin de pouvoir rétablir les vrais proverbes.

1. Petit à petit, le chat fait sa nuit.
2. Le feu ne fait pas la fumée.
3. Qui vole une chasse vole une place.
4. Dans le nid, tous les oiseaux sont gris.
5. Il n'y a pas d'argent sans bonheur.
6. Qui va à l'œuf perd son bœuf.

(Réponses page 70)

■ Portraits chinois

Connais-tu ce jeu ? A l'aide des définitions suivantes, tu découvriras, pour le n° **1** le nom d'un personnage très important, pour le n° **2** le titre d'un poème de Claude Roy, car presque tous les éléments y sont réunis.

1. Si c'était un homme, ce serait un poète.
Si c'était un animal, ce serait un oiseau.
Si c'était une action, ce serait voler dans les airs.
Si c'était un lieu, ce serait le Louvre.
Si c'était une partie du corps, ce serait une aile.
C'est :

2. Si c'était une personne, ce serait un enfant.
Si c'était un lieu, ce serait une ville.
Si c'était un animal, ce serait un grillon.
Si c'était un arbre, ce serait un saule pleureur.
Si c'était une partie du corps, ce serait l'estomac.
C'est :

(Réponses page 70)

Ouvrons la cage aux oiseaux

Tu as sûrement remarqué que Claude Roy aime les oiseaux. Sauras-tu retrouver le nom de tous ceux qui se sont cachés dans la grille de mots ?

Si tu ne t'es pas trompé,
Tu trouveras un oiseau sensé
Qui rime bien avec sept
Et n'est vraiment pas bête !

1. Elles prennent leur vol pour rattraper le vent voleur.
2. Marie est gaie comme lui.
3. Elle rime à cruche.
4. Il est noir et rime avec perle.
5. Elle chante pour moi dans un été sans cœur à rire.
6. Il est vert, chante en mineur et rime avec oiseau.
7. Elle est volubile et rime avec étincelle.

(Réponses page 71)

1
V
2
3
4
5
6
7

Réponses

page 66

Proverbes mélangés :

1 et 4

Petit à petit, l'oiseau fait son nid.
Dans la nuit, tous les chats sont gris.

2 et 5

L'argent ne fait pas le bonheur.
Il n'y a pas de fumée sans feu.

3 et 6

Qui vole un œuf vole un bœuf.
Qui part à la chasse perd sa place.

page 67

Portraits chinois :

1. *C'est bien évidemment de* **Claude Roy** *qu'il est question et tu trouveras tous les détails dans le poème intitulé* **Ambitions excessives**.
2. *C'est la* **Chanson chinoise de l'enfant qui va chercher du bois mort**.

pages 68 et 69

Ouvrons la cage aux oiseaux

			M	É	S	**A**	N	G	E	S
						V				
		P	I	N	S	**O**	N			
	A	U	T	R	U	**C**	H	E		
		M	E	R	L	**E**				
	F	A	U	V	E	**T**	T	E		
	L	O	R	I	O	**T**				
H	I	R	O	N	D	**E**	L	L	E	

collection folio cadet

série or

Petites poésies pour jours de pluie…, Jabès/Richard
La cour de récréation, Roy/Lemoine
Échos, Guillevic/Vincent
Je m'amuse en rimant, Tardieu/Boucher

série rouge

Le cheval en pantalon, Ahlberg
Histoire d'un souricureuil, Allan/Blake
Le rossignol de l'empereur de Chine, Andersen/Lemoine
Grabuge et l'indomptable Amélie, Brissac/Lapointe
Le port englouti, Cassabois/Boucher
Petits contes nègres…, Cendrars/Duhême
Fantastique Maître Renard, Dahl/Ross
Louis Braille, Davidson/Dahan
Thomas et l'infini, Déon/Delessert
Mina, mine de rien, Farré/Scheffler
Aristide, Friedman/Blake
Rose Blanche, Gallaz/Innocenti
Le poney dans la neige, Gardam/Geldart
L'homme qui plantait des arbres, Giono/Glasauer
Prune et Fleur de Houx, Godden/Cooney
Les sorcières, Hawkins
Le voyage d'Alice, Héron/Dumas
Longue vie aux dodos, King-Smith/Parkins
Voyage au pays des arbres, Le Clézio/Galeron
Sarah la pas belle, MacLachlan/Blake
L'enlèvement de la bibliothécaire, Mahy/Blake
Amandine Malabul, sorcière maladroite, Murphy
Amandine Malabul la sorcière a des ennuis, Murphy
Riquet à la Houppe, Perrault/Claverie
Cendrillon, Perrault/Innocenti
Pierrot ou les secrets de la nuit, Tournier/Bour
Barbedor, Tournier/Lemoine
Comment Wang-Fô fut sauvé, Yourcenar/Lemoine
Trollina et Perla, Ziliotto/Scouvart
Le grand livre vert, Graves/Sendak
L'ogron, Serres/Deiss
Le lait de la lionne, Singer/Fix
Les histoires de Julien, Cameron/Strugnell

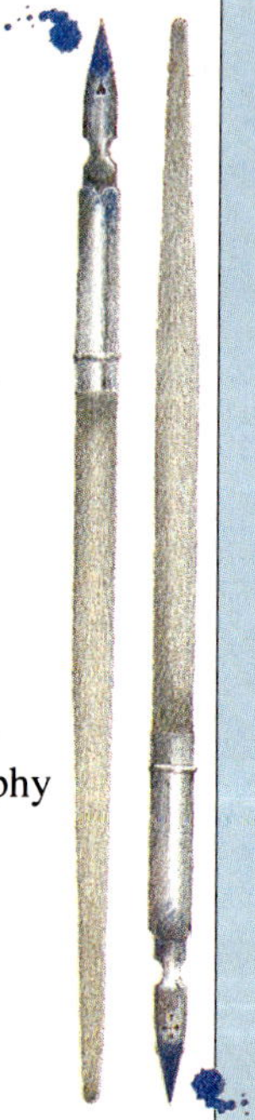